COLECCIÓN HUMORISMO

Adivinanzas de doble sentido
Chistes con piquete
Chistes de cantina
Chistes de colección
Chistes de gallegos/ de latinos
Chistes de pelos
Chistes de tutifruti
Chistes manchados
Chistes pa´l reventón
Chistes para adultos
Chistes para machos
Chistes para niños
Chistes XXX
Colmos para adultos
Cuál es el colmo de ...
Era tan, pero tan alto
Magnífico bebedor, el
Minichistes y toritos para niños
¡Por ellas bohemios!

D1602231

COLECCIONES

Ejecutiva
Superación personal
Salud y belleza
Familia
Literatura infantil y juvenil
Con los pelos de punta
Pequeños valientes
¡Que la fuerza te acompañe!
Juegos y acertijos
Manualidades
Cultural
Espiritual
Medicina alternativa
Computación
Didáctica
New Age
Esoterismo
Humorismo
Interés general
Compendios de bolsillo
Aura
Cocina
Tecniciencia
Visual
Arkano
Extassy

Vito Tarsi

CHISTES
INTERNACIONALES

SELECTOR
actualidad editorial

Doctor Erazo 120   Tels.   588 72 72
Colonia Doctores   Fax: 761 57 16
México 06720, D. F.

CHISTES INTERNACIONALES

Diseño de portada: Eduardo Chávez
Ilustración de interiores: Salomón López

ISBN-13: 978-970-643-203-2
ISBN-10: 970-643-203-5

Cuarta reimpresión. Marzo de 2007.

NI UNA FOTOCOPIA MÁS

Contenido

I. De gallegos 9

II. De amigos 19

III. De judíos 27

IV. De cubanos 32

V. De argentinos 35

VI. Escatológicos 55

VII. Adivinanzas 60

VIII. De mexicanos 61

IX. De borrachos 65

X. De curas 67

XI. De monjas 71

XII. De árabes 75

XIII. De Pepito, Jaimito, Joaozinho
o como gustéis 76

XIV. De polacos 87

XV. De ingleses 89

XVI. De mineros 91

XVII. De negros 95

XVIII. De norteamericanos 99

XIX. De animales 102

XX. De doctores 114

XXI. De parejas 124

La risa es salud

EMPÉDOCLES

I. De gallegos

Paco va caminando y se encuentra con Antonio, quien trae un libro bajo el brazo.

—Antonio, ¿qué haces con un libro bajo el brazo?

—Ah, Paco, es que estoy estudiando lógica.

—¿Lógica? ¿Y qué es eso?

—La lógica, Paco, es la ilación de los pensamientos.

—¿Y qué es eso, Antonio?

—Verás, Paco: te voy a poner un ejemplo: ¿tú tienes una pecera?

—Pecera, pecera, huuum sí, pues sí, tengo una pecera. ¿Y?

—Bueno, verás, si tienes una pecera, eso significa que te gustan los peces.

—Sí, claro, me gustan los peces.

—Bueno, y si te gustan los peces, es que te gusta el agua.

—Sí, obviamente, me gusta el agua.

—Y si te gusta el agua, es que te gusta la playa.

—Sí, claro, me gusta la playa.

—Y si te gusta la playa, es que te gusta ver las mujeres bonitas tostándose al sol.

—Sí, Antonio, por supuesto, me gusta ver las mujeres bonitas tostándose al sol.

—Bueno, Paco, si te gusta ver las mujeres bonitas tostándose al sol, es que ¡TIENES PENSAMIENTOS ERÓTICOS! ¿Te das cuenta lo que es la lógica?

—Hombre, esto es extraordinario, corro a comprarme un libro de lógica.

Paco sale de la librería con su libro de lógica recién comprado, cuando se encuentra con Ramón. Paco, pregunta Ramón:

—¿Qué llevas bajo el brazo?

—Pues verás, Ramón, es un libro de lógica.

—¿Y que es la lógica, Paco?

—Verás, la lógica es la ilación de los pensamientos.

—¿Y qué es eso, Paco?

—Te voy a poner un ejemplo, Ramón: ¿tú, tienes una pecera?

—Pecera. pecera... huumm... pues, no.

—Entonces, ¡eres puto!

Ramón viene por la calle vestido de karateca y se encuentra con Toño.

—Ramón, ¿qué haces, así disfrazao?

—Pues hombre, no es disfraz, es que estoy tomando un curso de artes marciales.

—Hombre, ¿y qué es eso?

—Pues, verás, te demostraré:

—¡Tú, pégame un puntapié en los cojones!

—¡Pero Ramón, te voy a dejar inservible!

—¡No, hombre, tú, pega!

—Bueno, si tú lo pides. y Toño pega un fuerte puntapié, pero Ramón le hace una llave y lo tira al suelo.

—Ahora, Toño, méteme los dedos en los ojos.

—¡Pero no, Ramón, te voy a dejar ciego!

—¡Tú, pega!

Toño tira los dedos a los ojos de Ramón, pero éste rápidamente los para poniendo la palma de su mano entre ojo y ojo, evitando que los dedos de Toño lo alcancen.

—¡Ramón, esto es superlativo! Corro a anotarme en el curso de artes marciales.

Toño se inscribe en el curso, le dan su uniforme y así vestido llega a su casa, donde Petrona lo recibe extrañada.

—Toño, ¿de qué te has disfrazao?

—Pues, verás, mujé, ¡me he anotao en un curso de artes marciales!

—¿Y qué es eso, Toño?

—Verás, te he de hacer una demostración.

—¡Tú, pégame un puntapié en los huevos!

—Ay, Toñito, no me pidas eso, que no vamos a poder hacer esas cositas.

—Tú, mujé, pega con alma y vida, y vas a ver.

Petrona pega un fuerte puntapié, mientras Toño coloca la palma de su mano entre ojo y ojo.

━━━━━━━━━

Un gallego llega a Montevideo a visitar a sus familiares.

Toma un taxi marca Mercedes Benz, como la mayoría, en aquellos años. El viaje es largo y comienza a conversar con el taxista.

De repente, el gallego, viendo la estrella en la punta del capot, le pregunta al chofer:

—Hombre, ¿qué es eso?

—El taxista, aburrido, aprovechándose de su ingenio, le dice:

—Vea, señor, eso es la mira.

—¿La mira? ¿Qué mira?

—Pues, verá usted, como sabrá Uruguay es un país con demasiados viejos. por eso el gobierno nos ha instalado la mira para que, al verlos en la calle, apuntemos bien y ¡pumba! A darles un golpe seco con el coche, y a otra cosa.

—Hombre, que barbaridá, en mi país no *hacemoz ezo*.

—Ah, en su país, pero acá, si no cumplimos la orden, nos sacan la licencia.

Comentando sobre esto allá a lo lejos aparece una viejita cruzando la calle. El taxista, deseoso de emoción, enfila velozmente el coche hacia la viejita, pero la esquiva cuando está muy cerca.

En ese momento, cuando está pasando a la viejita, oye un gran estruendo, mientras el gallego dice:

—Hombre, mucha mira, mucha mira, pero si no abro la puerta, no la agarra.

Paco va al prostíbulo, golpea la puerta, y le responden:

—¿Quién es?

—¡Paco!

—¿Y qué quieres?

—¡Vengo a follar!

—¿Y cuánto tienes?

—Pues, veinte duros.

—¡Hombre, eso sólo te alcanza para unas puñetas!

Paco se va, y al rato vuelve a golpear a la puerta.

—¿Quién es?

—¡Paco!

—¿Y qué quieres ahora?

—¡Pues, vengo a pagar!

＊＊＊＊＊＊＊＊＊＊＊＊

Antonio tiene que cobrar un cheque y va al Banco Alemán.

—Buenos días, vengo a cobrar este cheque.

—Cómo no –le dice el empleado– por favor firme aquí al dorso.

—¿Que firme? ¡Pues yo no firmo nada!

—Y bueno, si no firma, no se lo pago.

El gallego se va enojadísimo y caminando pasa frente al Banco de Galicia.

Contento, entra, pensando: "estos son de los míos, y me van a pagar".

El empleado, como el anterior, le pide que endose el cheque.

Antonio, airado, responde:

—¿Firmar yo? ¡Yo no firmo nada!

—¿Ah, sí? —dice el empleado, y sacando un garrote le propina un buen golpe en la cabeza.

Antonio, aturdido, firma, el empleado le paga y Antonio se va contento.

Al volver a la casa, vuelve a pasar frente al Banco Alemán y entra. Increpando al empleado, le dice:

—¡Ha visto, en el Banco de Galicia me pagaron el cheque!

—Sí, bueno, pero usted lo habrá firmado.

—Sí, claro que lo firmé, ¡pero ellos me explicaron!

Un gallego está harto de que le tomen el pelo sus amigos porteños.

Por esa razón se inscribe en una academia de lunfardo, para hablar con vocabulario y acento porteños.

Luego de un año de arduo aprendizaje recibe su diploma, y contento sale a la calle, dispuesto a estrenar su recién adquirida condición de porteño.

Entra a un negocio, se acomoda en el mostrador, y con acento bien porteño, pide:

—¡Zomo, un feca, porfa!

—Pero che –le contesta– ¿vos sos gallego?

—¿Pero cómo te diste cuenta?

—¿No ves que esto es un Banco?

Un gallego entra a un supermercado completamente desnudo, sólo ataviado con zapatos deportivos.

Al pagar, la cajera le cobra, provocando la ira del gallego.

—¿Qué le pasa, señor, por qué se enoja?

—¡Pues que no me ha hecho el descuento!

—¿Qué descuento?

—¿Pues el que dice allí a la entrada, no ve que dice: 50% en pelotas y calzado deportivo?

Dos gallegos, cazadores profesionales, ya han cazado búfalos en Estados Unidos, leones en África, rinocerontes, tigres, jaguares, águilas.

Un día, leyendo una revista especializada, uno le dice al otro:

—Mira, Paco, en los andes está el cóndor, es el ave más grande del mundo, mide cuatro metros entre punta de ala y punta de ala. Y es un ave sanguinaria que alimenta a sus crías con conejos vivos.

—Ala, Antonio, ¡vamos, a por él!

Toman su jet privado y llegan a Santiago de Chile, donde rentan un 4×4, lo llenan con toda su ferretería de armamentos y parten en busca del cóndor.

Acontece que por esos días, en los andes se estaba disputando el campeonato mundial de aladeltismo. El campeón sueco iba bajando suavemente, con el *walkman* instalado y gozando el magnífico panorama, cuando los gallegos lo avistan, gritando:

—Ala, el cóndor, ¡mira, el cóndor! Que bonito es, qué alas tan coloridas tiene, ¡a por él!

Le tiran con todo lo que tienen, fusiles, metralletas, hasta que el sueco cae, mientras el ala delta, ya sin rumbo, sigue volando.

Un gallego le dice entonces al otro:

—Paco, al cóndor no le dimos, ¡pero que al conejo lo ha soltao, lo ha soltao!

Un papá gallego le manda un telegrama a su hijo:

—¿Hijo, vienes o voy?

El hijo le contesta:

—Sí.

El padre manda un segundo telegrama:

—¿Sí, qué?

Y el hijo contesta:

—Sí, papá.

Una pareja de gallegos va por la calle, cuando un asaltante le roba la bolsa a la señora. Desesperados, gritan. De repente se produce una nube blanca y de ella sale un señor todo vestido de negro, con antifaz y botas, sombrero ancho y una capa con una gran Z. Corre al ladrón, le apunta con su espada, recupera la bolsa, se la devuelve a la señora y desaparece en la nube.

—¿Viste Paco, lo que nos ha sucedido?

—Cómo no lo voy a saber, claro que sí: nos ha salvado ¡Zuperman!

II. De amigos

Tres amigos van a un bar con table-dancing.

El primero se para frente a la bailarina desnuda, y le coloca un billete en la liga, única prenda que tenía.

El segundo hace lo propio, y le coloca el dinero en el culo.

El tercero se levanta, y munido de una tarjeta de cajero automático, la pone en el culo y saca la plata.

——————————————

Tres amigos encuentran al genio de Aladino, que les dice: yo soy el genio express, puedo concederles ya, al minuto, un deseo, pero sólo uno, ¿qué quieren que les otorgue?

El primero pide: yo quiero ser inmensamente rico.

Bueno, vete al Banco, pide tu saldo y verás.

El segundo le dice: yo quiero parecer un galán de cine.

Bueno, ve a tu casa y mírate al espejo.

El tercero le pide: yo quisiera ser tremendamente inteligente.

Dime: ¿no te importaría menstruar?

***

Dos amigos se encuentran después de un tiempo.

Oye, Juan, ¿a qué te dedicas ahora?

—¿Ahora? Pues, soy asesino.

—¿Asesino?

—Sí, he puesto una empresa de asesinatos por encargo, pero todo muy profesional. Mira, aquí en la valija tengo mi rifle de precisión digital con mira telescópica, aquí tengo mis catalejos infrarrojos, aquí está mi grabadora de larga distancia. Como ves, todo muy profesional, ¿quieres probar estos catalejos que llegan hasta un kilómetro de distancia?

—Bueno, a ver. ¡Oh, qué barbaridad, allá veo a mi socio que se está desnudando, oh, oh, y ahí entra mi señora, qué barbaridad, me los matas a los dos ahora mismo!

—Bien, bien, pero te va a costar cien mil dólares por cabeza.

—Bueno, no importa, dale nomás, ahorita mismo.

—Está bien. ¿Y donde quieres el tiro?

—A él, por hijo de puta, en la verga. A mi señora, que tantas veces me ha mentido de su fidelidad,
en la boca.

—Muy bien, ahí voy.

—Pum. Te has ahorrado cien mil dólares.

Dos amigos se encuentran después de muchos años
y comienzan a recordar los viejos tiempos.

—¿Cómo está el pueblo?

—Pueblo, en tu época, ahora es una ciudad.

—Bueno, ¿y cómo está el negocito de don Braulio?

—Negocito, en tu época, ahora es un gran supermercado.

—Está bien, ¿y el callejón de entrada al pueblo?

—Callejón, en tu época, ahora es un boulevard
con luces de mercurio.

—Ya veo.

—¿Y cómo está la Antonia, que yo le daba
por el culo?

—Hombre, que me casé con ella.

—Bueno, contesta el otro, ahora le debo dar por
el hombro.

Juan y Pedro se encuentran, y Pedro está muy deprimido.

—¿Qué te pasa, Pedro? pregunta Juan.

—Verás, resulta que me he separado.

—Y no sabes lo bien que has hecho, hombre. Tu mujer era una verdadera puta, todos se acostaron con ella, yo mismo me la tiré no menos de cuatro veces.

—Ojo, ojo, que me separé de mi socio.

Un día el general De Gaulle visita Cabo Caña-
veral.

Luego de recorrer todas las instalaciones, ya a
punto de partir, pregunta por su buen amigo
Marmaduke.

¿Marmaduke? ¿Y quién es?

Deseoso de complacer al general, su anfitrión
busca en la lista de trabajadores de Cabo Cañave-
ral, hasta que encuentra a un tal Marmaduke, a car-
go de la limpieza del galpón cinco.

Lo mandan llamar, y al verlo De Gaulle se con-
funde en un gran abrazo con Marmaduke.

Cuando se va el General, su jefe lo manda llamar y le pregunta por qué no había dicho que era
amigo de De Gaulle.

Marmaduke le contesta que recuerde que él es
inglés, que De Gaulle preparó su campaña en Inglaterra, y de allí se conocen.

El jefe, por las dudas, asciende a Marmaduke.

Al tiempo llega la Reina de Inglaterra y se repite
la escena. Después de recorrer todo Cabo Caña-
veral, pide ver a su buen amigo Marmaduke.

Asombrado, el jefe manda buscarlo y, al verlo,
Elizabeth II lo abraza y lo besa con gran familia-
ridad.

Cuando se va, el jefe no puede dejar de preguntarle cómo conoce a la Reina.

Fácil, contesta Marmaduke, mi padre era jardinero de Buckingham y cuando la Reina era niña jugábamos juntos en los jardines, sin protocolo ninguno.

Bueno, bueno, un poco picado replica el jefe. Ud. conocerá a De Gaulle, a la Reina, pero al Papa seguro que no lo conoce.

Marmaduke, le pregunta a su vez:

¿Olvida usted que yo soy católico?

Bueno, dice el jefe, católicos hay millones.

Vea Ud., dice Marmaduke. Si usted quiere comprobar si conozco o no al Papa, viajemos juntos a Roma y verá.

Dicho y hecho. Viajan los dos a Roma, llegan a la plaza San Pedro en un día de un gran acto público. Marmaduke le dice al jefe:

Usted quédese aquí por la plaza, y en un rato me verá aparecer en el balcón de San Pedro junto al Papa.

Sigue el acto y, de repente, se produce un gran revuelo en la plaza. Llega una ambulancia y se lleva a una persona desmayada. Los curiosos preguntan qué pasó, y alguien cuenta que un señor americano se desmayó en el momento en que dos japoneses le preguntaron quién era ese señor de blanco que estaba al lado de Marmaduke.

Dos amigos, uno francés y el otro inglés, hacen toda la guerra juntos, pero todas las noches, para olvidarse de los peligros, se toman juntos sendas copas de whisky.

Al terminar la guerra, juran que todas las noches, en un pacto de lealtad, tomarán, estén donde estén, dos copas de whisky, en homenaje a la amistad, mientras vivan.

El francés va a su pueblo y todas las noches, puntualmente a las siete, va al bar y le pide al cantinero: Monsieur Arnaud, dos whiskies, por favor.

Un día, Monsieur Arnaud le pregunta, extrañado, ¿por qué pide dos vasos de whisky juntos en vez de pedir uno y después el otro?

El cliente le cuenta, entonces, la promesa que había hecho.

¡Ah, qué lindo! Exclama Monsieur Arnaud.

Pasan los años, siempre con la misma costumbre, hasta que una noche, el hombre pide un sólo vaso de whisky.

Casi temblando, el cantinero apenas se anima a preguntarle:

¿Le sucedió algo a su amigo?

No, para nada, lo que pasa es que yo dejé de tomar.

Juan y Pedro, amigos muy cercanos, se hacen una promesa: "el que se muera primero, volverá a visitar al otro para contarle cómo es el más allá".

Después de un tiempo se muere Pedro.

Pasan unos meses, Juan está durmiendo, cuando oye ruidos. Se despierta: era Pedro.

—Pedro, cumpliste tu promesa, volviste, ¿cómo es aquello?

—Ah, es lindísimo.

—Pero cuéntame, ¿cómo es?

—Bueno, es una pradera verde, hay árboles, corre una ligera brisa.

—Ah, qué lindo, ¿y qué haces?

—Bueno, comemos, comemos mucho.

—¿Qué comes?

—Y, bueno, verduritas, lechuga, esas cosas.

III. De judíos

Abraham y Jacobo han sido socios durante treinta años.

Un día, Abraham le dice así a su socio:

—Mira, Jacoibo, vos y yo fuimos socios durante treinta anios, sin tener ningún problema, pero ahora hijos ya no quieren trabajar como nosotros, ¿vos de das cointa? Debemos separarnos.

—Bien, Abraham, ¿pero cómo hacemos?

—Mirá, Jacoibo, ¿viste máquinas viejas que tenemos en fábrica? Máquinas que nunca rompen, fuertes, todas de fierro puro, macizas, ésas son para vos. Máquinas nuevas, complicadas, que necesitan service todos los días, puro plástico, que nadie saber areglar, esas me quedo yo.

—Está bien, Abraham.

—Viste, Jacoibo, camiones viejos, de antes de guerra, camiones pesados, que nunca rompen, parecen tanques, esos te quedás vos. Camiones nuevos, puro plástico, que necesitan computadora, complicados, que rompen siempre, esos me quedo yo.

—Esta bien, Abraham.

—Viste, Jacoibo, secretaria vieja, que yega siempre siete de la maniana, nunca falta, sabe todo en oficina esa te quedás vos.secretaria joven, minifalda, que falta siempre, que habla todo el día con novio, esa me quedo yo.

—Está bien, Abraham. ¿Te puedo pedir un favor?

—Sí, Jacoibo, cómo no, ¿que querés?

—Abraham, me das un besito, acá, detrás de oreja?

—Sí, Jacoibo, pero.¿por qué?

—Sabés, Abraham, cuando me cogen me pongo mimoso.

Un matrimonio judío vive en un pequeñísimo pueblo de la provincia Argentina, donde no hay, por supuesto, sinagoga, ya que son los únicos judíos.

Un día la mujer queda embarazada, y el marido, dice: Querida, si bien nosotros no podemos ir al templo, por lo menos quiero que circuncidemos a nuestro hijito, voy a escribir al Rabinato de Buenos Aires, para que me manden un rabino, ellos tienen obligación de hacerlo.

Efectivamente, a los meses nace el niño, el padre escribe.

A los pocos meses, el pueblo asiste a una extraña llegada.

A las tres de la tarde, siempre los chicos se agolpaban en la estación porque llegaba el tren, única diversión en ese pueblo perdido.

Ese día baja un señor de larga barba, todo vestido de largo y de negro, con un gran sombrero y una valija también negra (hay que aclarar que el matrimonio era ortodoxo). El señor baja, todo vestido pese al calor que llegaba a los 45 grados a la sombra y comienza caminar por las calles polvorientas.

Los chicos, por supuesto, lo van rodeando, y la voz corre rápidamente, hasta que rodea al forastero todo el pueblo en su conjunto.

Luego de caminar unas cuadras, de repente se da vuelta, e increpa a sus acompañantes:

—¿Que pasa, chei, nunca han visto un porteñe?

La versión judía de la historia del mundo:

Al principio Moisés dijo:

—Todo es ley.

Luego, Jesucristo dijo:

—Todo es amor.

Luego Marx dijo:

—Todo es lucha de clases.

Luego dijo Freud:

—Todo es sexo.

Finalmente llegó Einstein y fue quien dijo:

—Todo es relativo.

───────

Un judío veneciano se está muriendo, en su cama.

Ya casi sin ver, pregunta a su mujer:

—¿Rebecca, dove stá il mio figlio Isacco?

—Tranquillo, Mosé, il tuo figlio stá quá, accanto al tuo letto.

—Rebecca, ¿e la mia figliuola Juditta?

—Tranquillo, Mosé, la tua figlia Juditta stá quá.

—¿E dov'é il mio figlio Abramo?

—Stá qui, Mosé, stá tranquillo.

—¿E il mio fratello Abacucco, dov'é?

—Sta qui, accanto a te.

—Aah, ah. ma allora, ¿se tutti sono qui, quien cuida il negozio?

Jacobo vuelve una noche a casa y, deprimido, le cuenta a Rebeca:

—Rebeca, fábrica que teníamos, no tenemos más, estamos en bancarota.

—Vas a tener que salir a trabajar.

—Y bueno, Jacobo, yo nunca trabajé, pero voy a probar.

Esa noche, Rebeca se baña, se viste elegantemente, se perfuma, y a eso de las siete sale.

A la mañana siguiente vuelve, y le entrega a Jacobo 705 dólares.

—¿Quién es hijo de puta que te dio sólo cinco dólares?, la increpa Jacobo.

—¡Todos!

IV. De cubanos

Un jerarca del Partido Comunista, al cruzar la plaza escucha que lo llaman. Mira a su alrededor sin descubrir de dónde proviene hasta que percibe que es el monumento de José Martí que lo está llamando. Sorprendido, escucha que la estatua se queja, ya que hace un siglo que está parado, mientras los demás próceres están a caballo.

—Por favor, tú que tienes poder, consígueme un caballo, como el que tengo en mi estatua de Nueva York. Asombrado, el dirigente corre al Comité Central del Partido, donde encuentra al Hombre, y le cuenta lo ocurrido.

—Oie, chico, le contesta el Hombre, no es posible pero vamos voy a convencer a José que es imposible cambiar la estatua después de un siglo.

—Van juntos al parque y al acercarse, Martí le grita al jerarca:

—¡Te dije un caballo, no un burro!

Se está realizando una regata en La Habana, frente al malecón.

El comentarista radial relata el evento:

—Ahí viene el bote de loj Estadoj Unido, con la última tecnología del imperialismo opresor. Le sigue muy cerca el bote de Alemania, hecho en fibra de carbono, le sigue el italiano, elegante y ligero, pero ahí viene arremetiendo, con gran fuerza, el bote revolucionario de Cuba, hecho con llantas usadas y cordeles, pero el magnífico remero revolucionario suple con su fuerza de voluntad la carencia de medios a que nos ha sometido el embargo. Viene avanzando, ya pasa al italiano, se acerca al alemán, el americano ya da vuelta a la boya para retomar su camino, le sigue el alemán muy cerquita, el bote revolucionario cubano ya casi lo alcanza, lo pasa: ¡qué fervor revolucionario! ¡Epa, epa, qué pasa, no vio la boya sigue de largo, el bote cubano no vio la boya, sigue de largooooooo otro cabrón que se nos va pa' Miami!

El Comandante está hablando en un mitin en La Habana ante millones de cubanos. Mientras ha-

bla, un vendedor ambulante va gritando su mer-
cancía:

—¡Coco y piña! ¡Coco y piña!

Luego de aguantarlo un rato largo, el Comandante, molesto, grita:

—A ver, ese cabrón del coco y piña, que lo trai-
gan p'aquí, que lo vamo'a mandar pa' Miami.

Se escucha entonces un enorme clamor en la plaza:

—¡Cocooo y piñaaa!

V. De argentinos

a) *De porteños*

Un argentino está viajando en un transatlántico que naufraga. Luego de largas horas y un extenuante esfuerzo, llega a una isla desierta. Agotado, se echa a descansar en la playa. Entonces ve en el agua, a unos cien metros, algo que se mueve, que parece una cabellera rubia. En un primer momento no piensa moverse, pero luego le remuerde la conciencia y se echa al mar, con el último resto de fuerzas, y salva a la persona que estaba flotando. Como puede la arrastra hasta la playa, donde le hace respiración boca a boca, hasta que vuelve en sí, y agradecida le dice: Soy Claudia Schiffer, me has salvado la vida, ¡te pertenezco por el resto de mis días! El argentino, ni lerdo ni perezoso, allí mismo la desnuda y hacen el amor, apasionadamente, hasta que caen extenuados. Para sorpresa del argentino, durante su sueño Claudia había hecho una choza con hojas de plátano y palmera, y le había preparado un riquísimo desayuno de frutas tropicales. Toma, mi amo y señor, te pertenezco, aliméntate y luego haremos el amor.

Y así pasan varios días hasta que el argentino empieza a tener un semblante triste, cada vez más triste y desganado.

Claudia, desesperada, le ruega y le recrimina. Tú sabes que todos los hombres del mundo se volverían locos por hacer el amor conmigo ¿y tú ya no tienes ganas?

—Bueno, qué querés que te diga. ¿Te puedo pedir un favor?

—Sí, por supuesto, te debo la vida, ya te dije que haré todo lo que me pidas.

—Bueno, mirá, andate a la choza y ponete mi ropa, el traje, la corbata, todo y venite caminando hacia acá, haciendo como que no me ves.

—¡Cómo no! –contesta Claudia–, mientras piensa: "Qué mala suerte, tantos hombres en el mundo y justo me viene a tocar estar en una isla desierta con un puto".

Pero cumpliendo el pedido, se viste con las ropas del argentino y camina hacia él por la playa.

Al pasar a su lado, el argentino le dice:

—Flaco, ¿a que no sabés a quién me estoy cogiendo?

Una argentina le dice a su marido:

—Querido, me gustaría hacer el amor afónica.

—¿Qué querés decir?

—Bueno, ¡sin vos!

Un argentino está en el África con su mujer. Hacen el amor en tanto un negro grandote los abanica con una hoja de palma.

—¿Querida, estás gozando?

—No, che, hace demasiado calor.

Volviéndose, le dice al negro:

—Vos, ¡abanicá más fuerte! Y, querida, ahora estás gozando?

—No, todavía hace demasiado calor.

—Dale, vamos, abanicá más fuerte, te digo!

—¿Y ahora estás gozando?

—No, todavía no, sigue haciendo demasiado calor.

—¡Bueno, pelotudo, vos no sabés ni abanicar! Dame esa hoja a mí, vos ocupá mi lugar.

Cambian lugares y el argentino le pregunta ahora a su mujer:

—¿Y, querida, estás gozando ahora?

—¡Sí, sí, muchísimo!

—Viste, boludo, ¿aprendiste ahora a abanicar?

El hijo de un general es designado diplomático de favor y es enviado a la Embajada Argentina en España.

El embajador, que comprueba en seguida que el hijo del General es una bruta bestia, le prohíbe hablar ni hacer nada oficial en la embajada.

Pero llega la fecha patria, y la Embajada organiza una hermosa cena en los jardines de la residencia. Esta vez el Embajador no puede excluir al funcionario molesto, por temor a su padre, pero lo conmina a que se quede quieto y totalmente callado.

Al lado del joven se sienta una elegante señora, con la que no cambia palabra.

Hete aquí, sin embargo, que en los jardines vivían unas cotorritas[1] que revoloteaban por los

[1] Cotorra: pequeño loro.

árboles. Una de ellas, más traviesa, comienza a caminar debajo de los manteles en busca de miguitas.

En un momento dado, la señora elegante comienza a mirar debajo de la mesa, como buscando algo.

El joven diplomático improvisado no puede evitar preguntarle:

—¿Qué le pasa, señora?

—No, no es nada, contesta ella, es que me estaba picando la cotorra.[2]

—¡Ah, señora, por fin podemos entrar en confianza, yo hace rato que tenía ganas de tirarme un pedo!

Un cura boliviano, en un pueblito cercano a la Argentina, no pierde ocasión para hablar mal de los argentinos, para criticarlos desde el púlpito. Esto llega a los oídos del obispo, quien, deseoso de mantener un clima de armonía, llama al curita y le prohíbe que en lo sucesivo, mencione siquiera a los argentinos en su prédica.

[2] Cotorra: en lunfardo argentino, la vagina.

—Muy bien, Su eminencia reverendísima, dice el curita, cumpliré sus órdenes.

El domingo siguiente debía hablar sobre la última cena, y dice:

Jesucristo estaba rodeado de sus apóstoles, y les dice:

—Discípulos míos, ¡uno de vosotros me va a traicionar! Y mira fijo a Judas, quien le responde:

—¡Y por qué me mirás a mí, che!

Un argentino quiere comprar cigarrillos en España. Pregunta entonces:

—¿Señor, esto es un kiosco?

—Que no le llamamoz kiosco, le llamamos estanquillo.

—Bueno, señor del estanquillo, ¿tiene cigarrillos?

—Que no les llamamos cigarrillos, les llamamos cigarros.

—Bueno, ¿me da un atado de cigarros?

—Que no le llamamos atado, le llamamos cajetilla.

—Bueno, deme una cajetilla de cigarros.y una caja de fósforos.

—Que no les llamamos fósforos, les llamamos cerillos.

—Bueno, deme una cajetilla de cigarros y una caja de cerillos, ¡por favor!

Ya cansado, el argentino le dice al vendedor:

—Dígame, ¿y a los boludos, como los llaman?

No les llamamos, vienen solos por Aerolíneas Argentinas.

Un argentino llega a México y tiene dificultades con el lenguaje.

—Escucháme.

—No, señor, se dice: escúchame.

—Bueno, decime.

—No, señor, se dice: dime.

—Está bien, andá.

—No, señor, se dice: ve.

—Ok, vos decís.

—No, señor, no se dice vos, se dice: tú, no se dice decís, se dice: dices.

Así, a los golpes, va aprendiendo. Después de un tiempo, va a la farmacia y pide:

—Por favor, señor, me da un dentífrico Cuélgate.

—No, señor, se llama Colgate.

—¡Ah, por fin, otro argentino!

El presidente argentino Carlos Menem se encontraba en su despacho, cuando recibió el llamado de su par francés, Jacques Chirac:

—Queguido Caglos, tenemos una emergencia en Francia, se nos han acabado los pgeservativos. ¿Tú podrías mandagnos una partida?

—Sí, che, cómo no.

—Ah, pero pog favog, que sean grandes, tú sabes que nosotgos los franceses somos bien provistos.

—Mañana mismo te los mando, Jacques, ni una palabra más!

—Menem cuelga y llama a su ayudante: Che, tenemos que hacerle un favor a los franceses: mandá mañana mismo un contenedor de preservativos, del tamaño más grande que encontrés.ah, eso sí, a todos haceles estampar: "Industria Argentina" y "SMALL".

¿Cuál es la diferencia entre un argentino y un parto?

Uno es una dolorosísima, terrible, inexplicable experiencia.

Lo otro es sólo tener un bebé.

Un argentino quiere visitar Francia pero no conoce el idioma y le consulta a un amigo que ya había estado allá.

—Es fácil, le contesta el amigo. Todo lo que tenés que hacer es acentuar la última sílaba de cada palabra y terminarla en E.

Llega a París el visitante, y en un restaurante llama al camarero y le pide:

—Por favoré, un bifé con papés frités, una botellé de viné, un postré.

El camarero cumple al pie de la letra el pedido.

—Asombrado, el argentino exclama: Qué fácil que es el francés, me entendió todo.

El camarero le contesta entonces:

—Te salvaste porque soy cordobés, que si no, te cagabas de hambre.

Al ingresar un argentino a México, es interrogado por el agente de Migración:

—¿Nombre?

—Francisco Chiaravaglia

—¿Edad?

—43 años

—¿Profesión?

—Constructor

—¿Estado civil?

—Casado.

—¿Sexo?

—¡Enorme, che, enorme!

Cuando los argentinos tienen complejo de inferioridad, se sienten como el resto de los mortales.

Al visitar Estados Unidos, el Papa ve en el escritorio de Clinton dos teléfonos, uno rojo y uno blanco.

Curioso, pregunta para qué son, y Clinton le responde:

—Con el rojo me comunico con Yeltsin, el blanco es para hablar con Dios.

Asombrado, el Papa le pregunta si puede hablar con Dios, a lo que el Presidente asiente. Luego de unos minutos de comunicación, el Papa, maravillado, le pregunta a Clinton cuánto le debe.

—10,000 dólares, le contesta Clinton.

Días después el Papa llega a Buenos Aires, y ve otro teléfono blanco en el despacho de Menem. Asombrado, le pregunta para qué sirve. Menem le contesta igual que Clinton: es para hablar con Dios. Entusiasmado, el Papa comienza a hablar y se extiende por más de media hora.

Al colgar, le pregunta a Menem cuánto le debe.

Éste le contesta: cinco dólares.

El Papa, asombrado, le pregunta por qué es tan barato, y el Presidente le contesta:

—¡Lo que pasa es que aquí ésta es una llamada local!

Dos argentinos en España llegan a una fiesta y uno le pregunta al otro:

—Che, ¿les decimos que somos argentinos?

—¡No –contesta el amigo– que se jodan!

Todos los años se realiza el campeonato mundial del lenguaje por señas. Los norteamericanos son los campeones habituales, nadie los puede igualar. Pero un año un argentino se presenta y dice:

—Miren, yo no quiero perder tiempo, ustedes hagan nomás su campeonato, que yo desafío al campeón.

—Qué agrandado, piensan los organizadores, pero le aceptan el desafío.

Se hace el campeonato, como siempre lo gana un norteamericano, y entonces se presenta el argentino a desafiarlo.

Ante una gran cantidad de público y periodistas se realiza el encuentro.

—Bueno, dice el americano, muy bien, usted es del challenger, le cedo el honor de comenzar.

Entonces el argentino levanta el dedo índice de la mano derecha, con decisión.

El americano responde levantando dos dedos.

El argentino levanta tres.

El americano, cuatro.

El argentino levanta entonces el puño cerrado.

El americano responde tocando con el dedo índice derecho la palma izquierda.

El argentino entonces junta las dos manos como

en actitud de rezar y luego hace un movimiento ondeante con ambas palmas.

Sorprendido, el americano exclama:

—Me ganó, me ganó, no puede ser, me ganó.

Los periodistas intrigados, se agolpan alrededor del perdedor, para conocer el significado del diálogo, que el americano les explica:

—Bueno, él comenzó, levantando un solo dedo, señalando que el universo es uno.

—Yo le contesté que, sin embargo, existen dos principios, el bien y el mal.

Él me replicó que por sobre el bien y el mal está la Santísima Trinidad.

Entonces le dije que en el mundo había cuatro elementos: el agua, el aire, la tierra y el fuego.

Pero él me replicó, mediante el puño levantado, que todos esos principios se juntaban en una unidad.

Yo le dije, mediante mi índice en la palma izquierda, que el hombre es un granito de arena en el universo.

Y ahí me hizo ese gesto con ambas palmas, que no pude interpretar ¡qué barbaridad, me ganó!

Aún intrigados, los periodistas se dirigen al argentino, para conocer el final del duelo.

Entonces él les explica el contenido del intercambio:

—Yo comencé diciéndole que se metiera un dedo en el culo.

Él me dijo que me metiera dos.

Yo le contesté que se metiera tres.

Él me dijo que me metiera cuatro.

Entonces le dije que se metiera el puño entero.

Él me dijo: mi culo es muy chiquito.

Y yo le retruqué: ¡te lo abrimos!

Dos argentinos se encuentran después de un tiempo y uno, asombrado, observa lo flaco que está el otro, que le cuenta que ha seguido el método del Instituto Piccirilli.

Ahí voy, corriendo, dice el primero. E inmediatamente se anota en el ciclo de diez sesiones con adelgazamiento garantizado.

Lo hacen pasar a un gran salón, lo hacen desnudarse, y le untan con aceite todo el cuerpo. Al rato se abre la única puerta del salón y aparece una espectacular señorita en tanga, que le dice:

—¡Soy Inés, si me agarrás, me cogés! Y empieza a correr.

El candidato, excitado y desesperado, corre por sesenta minutos sin poder alcanzarla.Pero al fin de la sesión sube a la balanza y comprueba que ha bajado dos kilos.

A la siguiente sesión, lo hacen pasar a un cuarto un poco más chico, aparece Inés, y le dice lo mismo. Desesperado, corre como un loco, pero tampoco la puede alcanzar, pero adelgaza otros dos kilos.

A la tercera sesión el cuarto es mucho más chico y se repite el escenario. Esta vez casi agarra a Inés,. Pero el aceite que tiene en el cuerpo le impide agarrarla.

Luego de varias sesiones, lo hacen pasar a un cuartito realmente chico. El candidato, entusiasmado, piensa: esta es mi oportunidad, aquí la agarro seguro con sólo estirar el brazo. Emocionado oye abrirse la puerta por la que entra un tipo supergrandote, que le dice:

—¡Yo soy Abrojo, si te agarro, te cojo!

En un bar de Buenos Aires se reúne siempre un grupo de amigos.

Uno de ellos, Cacho, dice un día:

—¡Yo puedo hacer felices a cien mujeres en una tarde!

—¡Eh, che!, no seas exagerado.

—¡No, no es exageración, yo puedo cogerme a cien al hilo, una detrás de la otra!

—¡Dale, fanfarrón!

Pero Cacho sigue proclamando sus capacidades todos los días, hasta que el asunto llega a oídos de un periodista sensacionalista que, deseoso de hacer un programa de gran *rating*, busca a Cacho y le promete alquilar para él el estadio de River Plate.

Ese día no cabía un alfiler en la cancha, mientras las cien mujeres estaban en sendas camas en el campo de juego. En medio de una gran expectación, sale Cacho, ataviado sólo con unos shorts negros. La gente enloquece al verlo, y grita al unísono:

—¡Cacho, Cacho, Cacho!

Cacho saluda, y atiende diez mujeres al hilo. La cancha se viene abajo de la emoción.

Toma un vaso de agua y continúa con ¡otras veinte!

El griterío se hace ensordecedor: ¡Cacho, Cacho, Cacho!

Otra corta pausa para un vaso de agua, y otras treinta sin parar.

La gente empieza a gritar:

—¡Cacho y Perón, un solo corazón! ¡Cacho y Perón, un solo corazón!

Al llegar a la número ochenta, ya llega la apoteosis:

—¡Argentina, Argentina, Argentina!

Al llegar a la noventa, Cacho comienza a mostrar algunos signos de cansancio, pero sigue dándole a la máquina, aunque cada vez más despacio.

Así atiende a la noventa y uno, la noventa y dos… hasta llegar a la noventa y nueve. La atiende, y al levantarse, ya al borde de sus fuerzas, cae desmayado.

El estadio enmudece. El silencio es sepulcral.

Pasan dos minutos, tres, hasta que de la última fila, surge un murmullo, que se va extendiendo por toda la tribuna:

—¡Cacho maricón, Cacho maricón, Cacho maricón!

b) *De gauchos, paisanos y provincianos*

Viene don Braulio cabalgando su tordillo cuando, al pasar frente al rancho de don Zoilo, ve la tranquera abierta, la casa medio quemada, con el techo de paja todavía humeando, los perros despanzurrados tirados en el pasto, un verdadero desastre. Entrando, lo ve a don Zoilo, desnudo, de espaldas, estaqueado, y le pregunta:

—Que ha acontezido, don Zoilo?

Don Zoilo, con un hilo de voz, le cuenta:

—Aquí me ve, don Braulio, han zido loj infielej, qui han entrao, se llevaron a la china, a las gurizaz, y todo el ganao.

—Y a usté, que le ha pasao, pregunta don Braulio.

—Y, aquí me ve, desnudo y estaquiau.

—¿Y no se puede mover, don Zoilo?

—No, me han estaquiau bien estaquiau, no me puedo moveeeer. .

—Entonces, don Braulio, abriéndose la brague-ta del pantalón, le dice:

—Mala mañana, don Zoilo…

Un paisano, luego de visitar infructuosamente al médico de campo por sus dolencias, va a ver al especialista de la ciudad, que le receta unos supositorios.

De vuelta en su casa, no sabe como usarlos. Le pide, entonces, a su mujer que le hable al doctor para preguntarle.

Ésta toma el teléfono, marca el número, habla con el doctor y cortando sonrojada, le dice al marido:

—¡El doctor se enojó!

Un gaucho entra a la pulpería, se acerca al mostrador y le espeta al cantinero:

—Pulpero, ¿usté ha andao diziendo que el Gumersindo y yo noj andábamoj besando anoche atráj de loj arbolej?

—No, don Braulio, ió no he dicho nada.

—¡Ah, dice don Braulio, Gumersindo, entoncej noj han vizto!

Un día encuentran ahorcado de un árbol al tonto del pueblo.

Investigando el caso, el juez encuentra escondido en su pantalón un papel que dice:

—Rudecindo: andá a la farmacia a comprar dentífrico. Traé Kolinos, y si no hay, Colgate.

Un cordobés encuentra a otro cordobés que está haciendo sus necesidades en el campo, en cuclillas.

—¡Che, negro!, ¿estáss cagando?

—¡No, si vuá estar atajando un penal!

Un cordobés encuentra a otro que se está haciendo la paja.

—Che, negro, ¿te estás haciendo la paja?

—¡No, si vuá estar inflándome las bolas!

VI. Escatológicos

—¿Qué le dice una bacinilla a la otra?

—¡Menos mal que llega el otoño! Ya estoy cansada de verano.

—————————

A un señor que vive en un departamento se le tapa el inodoro del baño.

Desesperado, llama a una compañía de destapaciones, sin éxito. Luego a otra, y otra. Todas sin éxito.

En el peor momento de su desesperación tocan el timbre.

Abre la puerta y es el portero, que le dice:

—Señor, vengo a destapar su baño.

—Por favor, señor, no moleste, ya llamé a cuatro empresas, y todas fracasaron.

Señor, no olvide que en este edificio hay 204 departamentos, y en todos yo me ocupo de destapar los baños.

—Señor, no me haga perder tiempo, ya vinieron los mejores especialistas.

Insisto, yo soy el que destapo los baños.

—Bueno, mire, para que no me haga perder más tiempo, pase, haga lo que quiera.

Entonces el portero pasa con su ayudante, que trae las ventosas o sopapas para el baño.

—Dame la 102, dice el portero a su ayudante.

El muchacho le da una ventosa de 15 cms de diámetro, que prueba sin éxito.

—A ver, dame la 140, y el ayudante le pasa una de 25 cms, también sin éxito.

—A ver, se rasca la cabeza, dame la 180, y prueba: fracaso.

—A ver, nene, dame la 280.

El ayudante saca un tremendo artefacto de 45 cms de diámetro.

La coloca, succiona, y de repente se produce un gran ruido, y un hombre desnudo aparece en el baño.

—¿Y usted quién es, qué hace acá?

—¡Y yo qué sé, yo estaba tranquilo, cagando en el 4º B, y aparecí acá de golpe!

⋆⋆⋆⋆⋆⋆⋆⋆⋆⋆

Un señor entra a trabajar a una fábrica y el gerente le explica su tarea:

—Usted atenderá esta máquina, que es la más moderna fabricadora de clavos.

Con la mano izquierda mueve esta palanca que hace ingresar el alambrón a la máquina.

Con la mano derecha acciona esta palanca que corta el alambrón a la medida del clavo.

Con el pie izquierdo aprieta este pedal que acciona el afilador de puntas del clavo.

Con el pie derecho aprieta este pedal que hace las cabezas de los clavos.

Con su cabeza presiona este control que empaqueta los clavos.

Al rato, el supervisor vuelve a ver al candidato, que está muy ocupado moviendo todas sus extremidades con gran dinamismo.

—¿Todo bien? Le pregunta:

—Perfecto –contesta el obrero– ¿por qué no me coloca una escobita en el culo, así de paso, puedo ir barriendo el piso?

Un señor que viaja en el tren tiene muchas ganas de ir al baño, pero está siempre ocupado. Ya desesperado, no puede aguantar más y, aprovechando que el tren entra a un túnel, saca el culo por la ventanilla y comienza a cagar, con tan mala suerte que al salir el tren del túnel lo ve el controlador que, viéndolo, le grita:

—¡A ver, el pelado con el habano, meta la cabeza adentro!

Quevedo viaja en una carroza por Italia, cuando le atacan fuertes ganas de ir al baño.

Como la carroza iba velozmente por el camino, se decide a sacar el culo por la ventana para cagar, en el momento justo en que la diligencia para en la posta.

Un parroquiano, al ver el culo en la ventana, grita:

—¡Qué vedo!, mientras Quevedo piensa:

—Hasta por el culo me conocen.

Todos los días llega a la estación de servicio un joven en bicicleta, saca un frasquito como de remedios y pide unas gotas de gasolina.

El empleado le da las gotitas, que generalmente no le cobra.

Pero un día, el dueño de la gasolinera, ya cansado de este pedigüeño, le indica al empleado que al día siguiente, lo siga, para ver que hace con las gotitas de gasolina.

Al día siguiente: llega el muchacho, se baja de la bicicleta, pide las gotitas de gasolina y se va.Pero esta vez el empleado lo sigue, hasta que el joven llega a una gran roca, se baja de la bicicleta, se agacha, se baja los pantalones, abre una tapita en un anillo raro que tiene en el dedo, lo llena de gasolina, comienza a tirar de una cuerda, hasta que el anillo comienza a marchar como un motor, lo que provoca un sacudimiento de la mano, que lentamente va bajando.

VII. Adivinanzas

Schwarzeneger lo tiene largo, Madonna no lo tiene, el Papa lo tiene pero no lo usa, el de Clinton está de boca en boca. ¿Qué es?

—El apellido.

━━━━━━━━━━━━━

Hay una calle con todas las casas totalmente pintadas de negro, con los vidrios negros, las aceras totalmente negras, la calzada de asfalto super negro, sin semáforos ni luces.

Por la calle viene un coche negro, con los vidrios negros y sin faros.

De repente cruza la calle un negro vestido de negro, con anteojos negros y sombrero negro.

Sin embargo, el coche lo ve y para.

¿Cómo hizo para verlo?

Fácil:

—Era de día.

━━━━━━━━━━━━━

VIII. De mexicanos

Un gringo estaba en una playa mexicana haciendo lagartijas.

En eso pasa un chavito montado en su burro, y le dice:

—Míster, señorita is gone!

———————————

Una mexicana viaja a Nueva York y toma el metro. Como no conocía los códigos y los peligros se sube a un vagón casi vacío, donde un negro grandote con cara de malo la comienza a mirar fuertemente.

Asustada la mexicana baja del tren, y el negro baja detrás.

Ella sube corriendo las escaleras, y el negro detrás.

Luego corre por la calle, y el negro detrás.

Desconocedora de las calles, se mete en una cortada, y el negro la alcanza.

Agarrándola, le dice:

—¡I'm gonna fuck you!

Y ella, que no entendió nada:

—¿Mande?

—¡Not monday, right now!

———————

Un gringo que presumía de hablar español entra a una farmacia de una zona turística, preguntando:

—¿Hay ampolletas?

El vendedor, que presumía de hablar inglés, le responde:

—Good morning, míster Polletas.

Dos gringas andan en auto por Baja California, cuando éste se descompone.

En medio de la soledad, cuando ya estaban comenzando a desesperarse, aparecen dos inditos que se paran a mirar el auto. Cuando ven que las americanas no saben que hacer, uno de ellos le pregunta:

—¿Patroncita, quiere que le revisemos el auto?

Primero las americanas dudan, pero ante la falta de una solución mejor, les permiten mirar el motor. Para su sorpresa, los indios lo arreglan en unos minutos. Agradecidas, las americanas les quieren dar unos dólares, pero los indios les dicen:

—No , aquí esos billetes no sirven.

Luego les quieren regalar unos anteojos de sol, pero los indios les replican:

—No , patroncita, nosotros no usamos de esos.

Entonces, las americanas, les dicen:

—Ya sabemos qué les gusta a ustedes, vengan aquí al costado del camino, entre los matorrales.

Se comienzan a sacar la ropa, y los indios:

—No, patroncita, no nos van a entrar esas prendas.

Ya cansadas de tanta complicación, las americanas les colocan a los indios unos preservativos y comienzan a hacer el amor, no sin antes explicarles que los preservativos son para no quedar embarazadas.

Se van las americanas, pasan unos días, y un indio le dice al otro:

—Pos, Eufrasio, ¿a ti te importa si las gringas quedan embarazadas?

—Pos, no, Eulogio, no me importa nada.

—Entonces, ¡saquémonos los condones de una vez!

IX. De borrachos

En un baile muy formal un señor muy elegante pero totalmente borracho se acerca a una gorda señora con un gran vestido rojo y le pide salir a bailar.

La señora se niega.

El borracho insiste.

La señora se vuelve a negar.

El borracho, cada vez más pesado, la increpa:

—¿Por qué no quiere bailar conmigo, eh?

—Por dos razones: primera, porque usted está totalmente borracho. Segunda, porque no soy una señora, soy el cardenal primado.

Tres borrachitos van zigzagueando por la calle cuando a uno lo atropella un auto y lo arrastra por varios kilómetros.

Sus dos amigos comienzan a buscarlo.

—Mira, una pierna de Antonio.

—Oh, y aquí, un brazo de Antonio.

—Y más allá, un pedazo de tronco de Antonio.

—Uy, fíjate, la nariz de Antonio!

—Y aquí, la boca de Antonio.

—Y aquí, un pulmón de Antonio.

Hasta que encuentran una oreja de Antonio.

El borrachito la levanta, y le pregunta a la oreja:

—¿Antonio, te pasó algo?

X. De curas

Un sobrino del obispo consigue entrar al seminario y recibirse de cura en un tiempo récord de tres meses. Una vez ordenado, es destinado a un pueblito de campo, al que llega atemorizado por no saber, en realidad, nada de su nuevo oficio.

Lo espera allí el viejo cura, ya listo para jubilarse, y el joven le confiesa la verdad y le pide que lo ayude. Está bien, dice el viejo, pero el domingo ya todo el pueblo está esperando tu primera misa solemne, y vas a tener que predicar desde el púlpito.

—Por favor, ayúdeme, le pide el joven.

—Bueno, está bien, dice el viejo, yo me agacharé en el púlpito, y te vas a atar un hilo en tu dedo meñique. Si dices alguna herejía, yo te tiro el hilo para que te corrijas.

Dicho y hecho, se colocan como habían convenido, y el cura joven empieza a predicar, haciendo su sermón sobre Lázaro.

—Lázaro, dice, se murió y fue sepultado. Pero Jesucristo le dice: "Levántate y anda", y Lázaro andó.

Y el cura viejo le sopla:

—"¡Anduvo!".

Pero el joven no escucha y repite:

—Y Lázaro andó.

Ya más nervioso, el viejo insiste, ya irritado por lo bruto de su sucesor:

—"¡Anduvo, pelotudo!"

Y el curita joven, entonces se corrige:

—"¡Y Lázaro anduvo pelotudo unos días , pero después se compuso!"

Llega un cura con fama de santidad a Roma, y se aloja en una pequeña pensión esperando su turno de ver al Papa.

Al día siguiente golpean a su puerta y al abrir, un curita con cara de pícaro le dice:

—"Monsignore, ho per lei una bionda che è la migliore di Roma.

El visitante le contesta, ofendido:

—¡Ma io sono venuto a vedere il Papa!

Al día siguiente, vuelve el curita pícaro, y esta vez le dice: Monsignore, se le bionde non gli piacciono, ho per lei una bruna bellissima, la migliore di Roma.

Nuevo enojo del visitante:

—¡Ma io sono venuto per vedere il Papa!

Tercer día, y nuevo intento del curita:

—Monsignore, ho per lei una ragazza pelirossa, bellissima.

Nuevo y mayor enojo del visitante, que repite el consabido:

—¡Ma io sono venuto a vedere il Papa!

Finalmente, al cuarto día regresa el curita, quien golpea la puerta y luego, con cara bien pícara, le dice:

—¡Monsignore, il Papa non è possibile, ma c'e un certo Cardinale.

Un cura italiano está durmiendo cuando escucha un ruido en la iglesia, se levanta y al prender las luces de golpe, descubre a dos tipos agazapados.

—¡Voi siete ladri! Les grita.

—¡No, non siamo ladri!, le contestan.

—¿E se non siete ladri, chi siete?

—¡Siamo angeli!

—No, non siete angeli, siete ladri.
—¡No, siamo angeli!
—¿E se siete angeli, perche non avete le ali?
—¡Perche siamo piccioni!

XI. De monjas

Una noche unos ladrones entran a un viejo convento de Asturias, y se llevan todo lo que encuentran. A la mañana siguiente el oficial de policía llega a tomar la denuncia y recorre el convento acompañando a la Madre Superiora, a quien a su vez sigue una monja viejita, la Hermana Portera. En la iglesia, dice la Madre Superiora:

—Y aquí, en la iglesia, se han llevao la custodia labrada en oro y plata del siglo XVI.

La Hermana Portera agrega:

—Y nus han querío envenenar.

La Madre Superiora la hace callar y prosigue:

—Y aquí en la sacristía se han llevado los ornamentos del señor cura, que estaban bordados con hilo de plata en el siglo XVII.

Y la hermana:

—Y nus han querío envenenar.

—Cállese, hermana, dice la Madre, quien prosigue: Y aquí en el refectorio, se han llevao todos los cubiertos en plata, del siglo XVIII.

Y la hermana viejita:

—Y nus han querío envenenar.

—Cállese, hermana, pues aquí de la ropería, se han llevado todos los juegos de sábanas bordados por las novicias del siglo XIII.

—Y nus han querío envenenar.

—Cállese de una vez, Hermana Portera, dice la Superiora.

Pero el oficial la interrumpe, pidiéndole a la portera que explique, ya que, dice, puede ser un robo agravado con intento de homicidio.

Entonces la Hermana Portera explica:

Y cuando se iban, nos dijeron los ladrones:

—"Y us salváis porque sois viejas, que si no, os echábamos un polvo que os matábamos!

Una monja hace auto-stop en la ruta y la levanta una rubia descojonante que viaja en un convertible de ocho metros de largo.

Durante el viaje la monja, siempre deseosa de convertir almas en pecado, le dice:

—Hija mía, veo que estás entregada a los lujos y placeres por ejemplo ese collar de oro.

—No, madre, este collar es simplemente el recuerdo de una noche de amor.

La monja traga saliva, pero prosigue:

—Y ese abrigo de visón.

—Ah, no, no es nada, sólo fueron tres noches de amor.

La monja, cada vez más desesperada, le dice:

—Y este coche tan ostentoso.

—Ah, pero madre, esto fue regalo de un viejito, fueron siete noches de amor.

—Ya desesperada, la monja se baja rapidísimamente no bien llegan al pueblo, y comienza a subir a toda velocidad el empinado camino hacia el convento, pero a, mitad de camino se arrepiente, vuelve a la iglesia, busca al cura y una vez frente a él, lo increpa :

—Padre, esta medallita, ¡métasela en el culo!

Una novicia va al bosque a recoger flores, cuando un muchacho la ataca y la viola.

La llevan al hospital, adonde llega la Madre Superiora, muy afligida.

Al llegar le pregunta al médico:

—¿Doctor, cómo está?

—Bien, bien, no va a tener problemas graves.

—¡Ah, menos mal!

—Lo único, es que vamos a tener que hacerle una cirugía estética.

—¿Uy, qué pasó, le golpearon la cara?

—No, es simplemente, para sacarle la sonrisa.

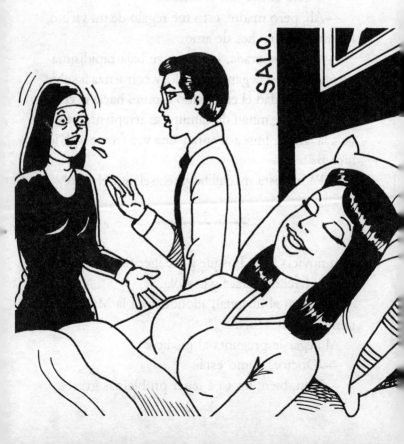

XII. De árabes

Un árabe viejo se casa con una chica joven y buena moza, pero no pasa nada.

Pasa un día, dos, una semana, y nada.

Un día, la chica, ya desesperada, se pone un deshabillé muy sexy y transparente, y comienza a caminar sobre la cama mientras el marido la observa.

Hasta que el árabe comienza a gritar:

—Saca la bata, saca la bata, saca la bata!

La chica, contenta, comienza a desnudarse, pero el árabe dice:

—¡No, saca la bata que me bisa la belota!

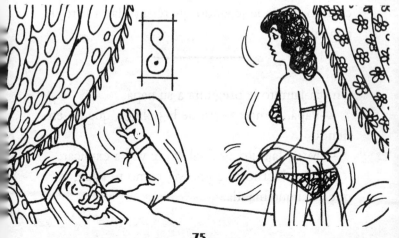

XIII. De Pepito, Jaimito, Joaozinho, o como gustéis

Un día la maestra lleva a sus alumnos al campo, para que observen la naturaleza.

De repente Pepito ve a dos perros haciendo el amor, y le pregunta a la maestra:

—Señorita, señorita, ¿qué están haciendo los perritos?

—Pues, verás, Pepito, uno de los perritos tenía la patita lastimada, por eso el otro lo está ayudando a caminar.

—Ah, señorita, entonces tenía razón mi papá, cuando dijo que ¡cuando querés ayudar a otro, te cogen!

* * *

Un día Jaimito le pregunta a su papá:

—Papá, como es esto de la política, que no entiendo.

—Mirá, Jaimito, es fácil, yo te voy a explicar:

—El gobierno es como yo, como tu papá, porque es el que manda.

—Tu mamá es como la justicia, porque es la que reparte a cada uno lo suyo.

—Tú eres la juventud, tu hermanito es el futuro, y la empleada es como la clase trabajadora.

—¡Ah!, dice Jaimito, todavía sin comprender.

Esa noche Jaimito tiene una pesadilla, y se levanta. En la pieza de sus padres está sólo su mamá, profundamente dormida. Luego busca a su hermanito, y lo encuentra totalmente cagado. Finalmente va a la pieza de la empleada, donde ve a su padre montado sobre ella.

Como nadie lo escucha, Jaimito se vuelve a dormir.

Al día siguiente le dice a su padre:

—Papá, ya entendí lo que me explicaste ayer sobre la política: Mientras el gobierno se culea a la clase trabajadora, la justicia se hace la dormida. A la juventud nadie le da bola, y el futuro está lleno de mierda.

Durante el gobierno militar en la Argentina, Jaimito anda mal en el colegio.

La jefa del gabinete psicopedagógico lo llama para hacerle unas preguntas y, en la entrevista,

Jaimito le cuenta que su papá es pianista en un prostíbulo.

A partir de ese momento las maestras tienen con
Jaimito una especial condescendencia, habida cuenta de la profesión poco recomendable del papá.

Hasta que, en ocasión de una fiesta patria, llegan
los familiares de los alumnos a la escuela.

El padre de Jaimito, al ver a la maestra, le pregunta cómo anda su hijo.

—Bastante bien, dadas las circunstancias, contesta la maestra.

—¿Qué circunstancias?, pregunta el padre, extrañado.

—Bueno, hay que considerar que usted no es
el mejor ejemplo, siendo pianista en un prostíbulo.

—¿Cómo? ¡Qué pianista ni qué pianista! Yo
soy general de la nación! Exclama el padre de
Jaimito.

Llamado éste, le preguntan por qué mintió acerca de la profesión de su papá.

—¡Es que me daba vergüenza!

Pepito va a la escuela en Cuba, cuando llega un visitante ilustre de la Unión Soviética

—A ver, Josecito, dice el visitante, ¿quién es tu padre?

—El Comandante Fidel, contesta Josecito.

—¿Y quién es tu madre?

—¡La Unión Soviética!

—¡Muy bien! ¿Y qué te gustaría ser cuando seas grande?

—¡Médico, para liberar a los pueblos oprimidos del flagelo de las enfermedades que nos trae el capitalismo!

—¡Muy bien!

—A ver, Pedrito, ¿quién es tu padre?

—El comandante Fidel.

—¿Y tu madre?

—¡La Unión Soviética!

—¿Y qué quieres ser cuando seas grande?

—Ingeniero, para construir los puentes que unan a los pueblos proletarios y superar así las barreras del imperialismo.

—¡Muy bien!

—Y tú, Pepito, ¿quién es tu padre?

—El Comandante Fidel.

—¿Y quien es tu madre?

—¡La Unión Soviética!

—¿Y qué quieres ser cuando seas grande?

—¡Huérfano!

Un día la maestra entra al aula y ve escrito en el pizarrón: "Pis". No queriendo llevar el tema a mayores, pregunta quién fue. Como nadie contesta, dice la maestra:

—Bueno, chicos, yo sé que esto es una travesura, ahora todos vamos a cerrar los ojos, y el que escribió esto vendrá y lo borrará.

Así lo hacen, y mientras están con los ojos cerrados se oyen unos pasos hasta el pizarrón, que luego vuelven a su lugar.

Cuando la maestra y los alumnos abren los ojos, ven que en el pizarrón está escrito:

—"Pis y caca, el enmascarado no se rinde".

La maestra anuncia:

—Bueno, niños, hoy vamos a resolver un problema de negocios. A ver, Pedrito, te regalan un campo de dos hectáreas. ¿Qué haces para maximizar tus beneficios?

—Bueno, señorita, plantaría sandías.

—¿Por qué, Pedrito?

—Bueno, señorita, las sandías se plantan a razón de cuatro por metro cuadrado, tengo dos cosechas, las sandías valen diez pesos, de modo que sacaré unos cuarenta mil pesos, menos el fertilizante y la mano de obra, me quedan treinta mil pesos de ganancia.

—Muy bien, Pedrito.

—A ver, tú, Josecito.

—Bueno, señorita, yo pienso que plantaría maíz, un poco de frijoles, lechuga y tomate, y dejaría un corral para aves y un puerquito, de este modo puedo asegurar la alimentación de mi familia y no estoy sujeto a las fluctuaciones del mercado y lo que me sobra, lo vendo.

—Muy bien, Josecito.

Pepito levanta la mano, ansioso, hasta que la maestra le da la palabra:

—¿Y tú, Pepito, qué harías?

—Yo, señorita, plantaría pelo, todo pelo cortito en las dos hectáreas.

Extrañada, la maestra le pregunta:

—¿Plantar pelo? ¿Y para qué?

—Y bueno, señorita, mi hermana, con un pequeño triangulito gana mucha plata, ¿se imagina con dos hectáreas?

La maestra dice a sus alumnos:

—Niños, hoy vamos a practicar vocabulario.

—A ver, Pedrito, una palabra con A.

Jaimito, que estaba atrás, le sopla a Pedrito: "Ano, ano, ano".

Pero Pedrito dice: "¡Auto!".

—Muy bien, Pedrito. A ver, Susanita, una palabra con C.

Jaimito le sopla: "Culo, culo, culo".

Pero Susanita dice: "Casa, maestra".

—Muy bien, Susanita. A ver, Robertito, una palabra con B.

—Jaimito, ya desesperado, le sopla: "Boludo, boludo, boludo".

Pero Robertito dice:

—Balanza.

Por fin le toca el turno a Jaimito, que no ve la hora de decir una palabrota.

Pero la maestra le dice:

—A ver Jaimito, una palabra con E.

Jaimito comienza a pensar.con E, con E, con E, no encontrando ninguna mala palabra.

Hasta que se le ilumina la sonrisa, y dice:

—Ya está, señorita: Enano…, pero con un pene así de grande.

La maestra les dice a los niños:

—A ver, niños, hoy vamos a tener una clase de percepción sensorial. A ver, Robertito, dame un ejemplo de algo redondo y peludo.

Robertito responde rápidamente:

—¡Un coco!

—Muy bien, Robertito, te felicito. . A ver ¿quién me da otro ejemplo?

Pedrito contesta:

—El durazno, señorita.

—Muy bien Pedrito. El durazno, en efecto, tiene pelitos. A ver, otro ejemplo.

Jaimito levanta la mano y dice:

—Las bolas de billar.

—No, Jaimito, las bolas de billar son redondas pero no tienen pelos.

—Sí, señorita, tienen pelos.

—No, Jaimito.

—Sí, señorita. A ver, Villar, muéstrale las bolas.

La maestra dice a los niños: a ver, niños, hoy vamos a usar la locución "por cualquier eventualidad". ¿Quién es capaz de construir una frase?

Robertito inmediatamente levanta la mano y dice:

"Siempre es bueno tener ahorros, por cualquier eventualidad".

—Muy bien, Robertito. A ver otra.

Pedrito dice:

—"Cuando uno viaja en auto, es bueno llevar rueda de auxilio, por cualquier eventualidad".

—¡Muy bien!

Jaimito levanta entonces la mano, y pide a la maestra si puede hacer su oración en verso.

—Cómo no, Jaimito, adelante.

Jaimito entonces dice:

—"Los curas, como las monjas, hacen voto de castidad, pero no se cortan las bolas, por cualquier eventualidad".

Un día la maestra le hace una pregunta a Pepito:

A ver, Pepito, en un alambre están posados cinco pajaritos. Un chico malo mata dos con un rifle de aire comprimido: ¿Cuántos quedan?

—Ninguno, señorita.

—No, Pepito, a ver, cuenta, uno, dos, tres, cuatro, cinco...caen dos, ¿cuántos quedan?

—Ninguno, señorita.

—No, Pepito, quedan tres. ¿Porqué dices que no queda ninguno?

—Bueno, señorita, porque los tres que quedan vuelan cuando escuchan el ruido.

—Pepito, tu respuesta no es correcta, pero es interesante tu manera de pensar.

—Enojado, Pepito vuelve al día siguiente y le pregunta a la maestra:

—¿Maestra, puedo hacerle una pregunta?

—Sí, cómo no.

—Bueno, hay tres mujeres chupando un helado. Una lo lame de izquierda a derecha, otra lo lame de arriba hacia abajo, la tercera se lo coloca entero en la boca y lo va deslizando hacia afuera.¿Cuál de las tres es la casada?

—Bueno, la tercera, dice la señorita.

—No, señorita, la casada es la que tiene anillo de casada.

Su respuesta no es correcta, pero ¡es interesante su manera de pensar!

XIV. De polacos

Un grupo de polacos residentes en Chicago va a ver al Papa, y se quejan de las burlas que reciben de los americanos. Entonces el Papa les dice: Uds. tienen que demostrar al mundo el genio polaco, haciendo una gran obra de ingeniería.

Al tiempo vuelven los polacos, contentos, para informar a su Santidad: Santidad, ya hemos construido el puente más largo del mundo, producto del ingenio polaco.

—Muy bien, los felicito. Y ¿dónde lo han construido?

—En el Sahara.

—Uy, no, qué barbaridad, no ven que allí no hay
agua, les van a tomar el pelo todavía más. Tienen
que ir inmediatamente y desarmar el puente.

A los pocos días vuelven los polacos, para de-
cirle al Papa: Santidad, desarmar el puente no es
posible.

—¿Por qué?

—Porque está lleno de polacos pescando.

XV. De ingleses

Un inglés vuelve a su casa después de un largo viaje y comienzan a hacer el amor con su mujer. De repente, sorprendido, le pregunta:

—Darling, ¿qué te pasa?

—¿Por qué Honey?

—¡Es que te estás moviendo!

———————————

En un compartimiento de tren viajan un inglés, un irlandés y Claudia Schiffer.

De repente el tren entra a un túnel y se apagan las luces. Al instante se oye el ruido de un beso, seguido por una sonora bofetada. Al salir del túnel, el inglés se estaba cubriendo la cara por el dolor, pensando: el irlandés debe haber besado a Claudia Schiffer y ella pensó que había sido yo, y por eso me pegó.

Claudia Schiffer piensa: "El inglés quiso besarme y se equivocó, besando al irlandés, que le pegó".

El irlandés piensa: "¡Qué grande! ¡La próxima vez que el tren entre a un túnel voy a hacer otra vez un ruido de beso para aprovechar y pegarle de nuevo al bastardo inglés!"

XVI. De mineros

Dos mineros bajan de la mina al pueblo, montados en su burro, y van al almacén de ramos generales a buscar provisiones: un kilo de clavo, alambre, pilas, lámparas, tres martillos, tenazas, azúcar, conservas en lata.

Y cuando terminan, bajando la voz, le dicen al pueblero:

Y acá, en este pueblo, donde podemos ir para.

Ah, no, en este pueblo todos somos serios, acá no hay.

Vamos, como no va a haber, si en todos los pueblos hay, no sea malo.

No, ya les tengo dicho, acá no hay, en el pueblo no se dan esas cosas.

Vamos, déle, no puede ser.

Ante la insistencia, el almacenero les confía, en voz baja: En el pueblo no hay, pero a unas tres leguas de camino, van a ver a mano izquierda, una casita, allí vive una señora ciega que a veces hace favores.

Allí parten los mineros, montados en su burro,

y al llegar, atan al burro al palenque y entra uno primero, saliendo a los pocos minutos. Luego entra el segundo, sale y ya se están por ir, cuando lo miran al pobre burro, cansado, y dicen: qué egoístas somos, nosotros nos arreglamos, y nos olvidamos del burro, que ha trabajado a la par nuestra sin ver una burrita por meses. Aprovechemos que la señora es ciega y mandémoslo para adentro.

Al rato, sale el burro con cara de contento, y desde adentro se oye la voz de la patrona que dice: ¡Al primero, no lo quiero volver a ver! Al segundo, sólo lo recibiré si paga muy buena plata. Pero el de la casaquita de cuero, puede volver cuando quiera.

Dos mineros bajan al pueblo después de muchos meses de estar trabajando sin parar.

Vienen contentos porque piensan ir al prostíbulo.

De repente, antes de llegar, ven tirado en un zanjón a un borrachito, totalmente dormido, con el pantalón medio bajo y de espaldas.

De inmediato, al verlo, y dadas las grandes ganas que traían, un minero le dice al otro:

—Oye, ¿qué te parece ese borrachito? ¿Por qué

no le hacemos el culo, y nos ahorramos la plata del prostíbulo?

¿Te parece?... y bueno, la verdad que tenés razón.

Ahí mismo se bajan al zanjón, y ambos sacian su apetito.

Ya yéndose, se arrepienten y deciden dejarle cincuenta pesos en el bolsillo.

A los tres días, al despertarse, el borrachito encuentra los cincuenta pesos y va corriendo a comprar.

—Me da cincuenta pesos de vino tinto.

Y antes de un suspiro, ya está de nuevo borracho, más aún si cabe.

A la semana siguiente bajan otra vez los mineros, lo vuelven a ver y se les ocurre la misma idea, que llevan rápidamente a la práctica.

Al terminar, culposos, le dejan cien pesos que el borracho gasta inmediatamente no bien vuelve en sí:

—Almacenero, me da cien pesos de vino tinto.

Y por supuesto se vuelve a dormir, y los mineros por tercera vez se aprovechan de él, dejándole esa vez doscientos pesos.

Al despertarse, el borrachito va nuevamente a comprar vino.

Jefe, me da doscientos pesos de vino tinto.

—Oiga, no... mejor, deme vino blanco... el tinto me hace arder el culo.

* * *

Un minero baja contento desde la mina hacia el pueblo, pues es Carnaval y se va a divertir.

Conduciendo, va cantanto:

¡Soy Ramón, tengo camión, cojo un montón!

De repente, a un costado de la ruta, ve una monja haciendo dedo.

Rápidamente la sube y, sin respeto alguno hacia el hábito, sigue cantando:

¡Soy Ramón, tengo camión, cojo un montón! ¡Soy Ramón, cojo un montón, tengo camión!

La monja, visiblemente fastidiada, lo increpa:

Por favor, un poco de respeto por mis hábitos.

Nada, nada, contesta Ramón, aquí nadie se salva. Y ahí mismo le levanta el hábito y le hace el culo.

Tranquilo, luego de acabar sigue cantando:

¡Soy Ramón, tengo camión, cojo un montón!

Entonces la monja comienza a su vez a cantar:

¡Es carnaval, soy Pascual, homosexual!

* * *

XVII. De negros

Un negro se encuentra con un ángel, que le dice:

Bueno, ya que me encontraste, te autorizo a que me hagas tres preguntas:

Entonces el negro comienza:

—Dime, por qué Dios me ha dado la piel tan gruesa.

—Bueno, contesta el ángel, veo que no te das cuenta de nada sin esa piel gruesa, ¿cómo ibas a aguantar el terrible sol del África?

—Ah... tienes razón; pero, ¿dime, por qué tengo este olor tan penetrante?

—Sigues sin darte cuenta. Sin ese olor, ¿cómo ibas a defenderte de los bichos, insectos y alimañas de la selva?

—Claro, tienes razón... pero, ¿dime, por qué este pelo tan duro, tan encrespado, tan difícil de peinar?

—Sigues sin pensar. No ves que eso te protege contra las ramas que pueden caer de los árboles.

—Sí, sí, claro, ya entiendo. Dime, ¿te puedo hacer una pregunta extra?

Bueno, sí, ¿qué?

—Dime, ¿QUÉ CARAJO HAGO YO EN MANHATTAN?

Un negro encuentra un ángel que le dice: como has sido bueno, te regalaré este jabón. Lavándote con él te convertirás en blanco.

El negro, un poco incrédulo, llega a la casa y va corriendo a darse una ducha. Oh, sorpresa, ve que se va volviendo blanco.

En eso llega su mujer, que extrañada le pregunta quién es, y él le contesta:

—Ven, querida, rápido, tengo un jabón milagroso. Báñate y verás.

Ella también, luego de la ducha, se convierte en blanca.

Al ratito llega el hijo adolescente de ambos, militante de la cultura afro, y al verlos tarda en reconocerlos como sus padres.

Ansioso, el padre le dice:

—Querido, báñate y te convertirás en blanco.

El chico, muy consciente de su raza, le dice:

—De ninguna manera, yo soy negro y orgulloso

de ser negro, no quiero abandonar mis tradiciones africanas.

El padre insiste, pero el chico se sigue resistiendo, hasta que, enojado, el padre le dice a la madre:

—Ves, querida, hace diez minutos que somos blancos y ya tenemos problemas con este negro de mierda.

En el año xxxx las pautas sociales del mundo han cambiado, y ahora todo Estados Unidos está dominado por los negros, mientras los trabajos más duros están reservados a los blancos.

Una tarde un grupo de acaudalados negros está tomando whisky en la galería de una mansión sureña, cuando, a lo lejos, ven a un grupo de blancos que, terminada la agotadora tarea de recolección del algodón, vuelven a dormir a sus barracas, cantando:

"Arroz con leche, me quiero casar".
Entonces un negro le dice a otro:
"Qué ritmo tienen estos hijos de puta".

XVIII. De norteamericanos

La cadena de moteles "6", famosa por su suciedad y por ser concurrida por parejas ocasionales, ha inventado nuevos slogans publicitarios:

"Porque usted se merece algo mejor que el asiento trasero del coche."

"De haber sabido que se iba a quedar toda la noche, hubiéramos cambiado las sábanas."

"No seremos el Ritz, pero trate de llevar ahí a su secretaria con su sueldo."

"Nosotros no hacemos el adulterio. Lo hacemos mejor."

"Desde 1962 estamos borrando la diferencia entre las manchas y las sábanas decoradas con arte de vanguardia."

"Fácil y barato. Como su mamá."

"Por supuesto, usted podría haber ido a un lugar mejor, pero no le hubiera quedado dinero para la puta."

"Ya estamos trabajando en esa cuestión del olor."

"No mencionamos al 9, pero usted sabe que aquí está."

La CIA está consternada: se acaba de morir el mejor espía norteamericano en la Unión Soviética y va a ser muy difícil reemplazarlo.

Se reúne el Consejo y deciden hacer un concurso interno del organismo, estableciendo parámetros estrictísimos para la selección del candidato.

Después de un largo proceso de selección, eligen al espía, que habla ruso sin acento extranjero, conoce todas las costumbres rusas, la comida, en fin, es un perfecto rusólogo. Parte de inmediato para Moscú, con un pasaporte ruso perfectamente falsificado.

Se instala en un hotel y, con su perfecto acento se acerca al bar y pide una vodka.

—Cómo no, amigo turista, le contesta el barman.

—¿Cómo sabe que soy turista?

—Bueno, como usted comprenderá, a este bar sólo vienen turistas, éste es un hotel muy caro.

—Ah, claro, tiene razón, dice el espía, que se va a un barrio más proletario y, entrando a un bar, pide un plato típico ruso.

—Cómo no, enseguida, amigo turista, le contesta el cantinero.

—¿Pero, cómo sabe que soy turista?

—Bueno, es que con la crisis económica, ningún ruso podría afrontar este plato caro.

—Ah, sí, comprendo.

—Ya nervioso, se va a uno de los peores barrios de Moscú y entrando a una cantina de pésimo nivel pide un guiso popular, el mismo que estaban comiendo los parroquianos del lugar.

—Cómo no, amigo turista, estoy muy honrado de que un turista conozca tan bien nuestra comida rusa.

—Pero, dígame, ¿cómo sabe que soy turista?

—Sabe qué pasa, que acá en Rusia no hay negros.

XIX. De animales

Un día el hermano mico le cuenta al elefante que del otro lado de las montañas la cosa era mucho más divertida, que estaba lleno de hembritas, que si lo acompañaba, la iban a pasar de novela.

Al principio el hermano elefante no le cree mucho, pero el hermano mico termina por convencerlo, y ahí parten los dos en busca de aventuras.

Pasa una semana, pasan dos, ya las patas les sangran de tanto caminar, y las hembritas no aparecen ni pintadas. Ya cansado y fastidiado, el elefante le advierte al mico:

Hermano mico, espero que aparezcan las hembritas en los próximos siete días. si no, vamos a tener que arreglarnos entre nosotros, ¿usted me entiende, no?

El hermano mico, asustado de sólo ver el tamaño del elefante, se empeña y vuelve a prometer que ya, en un ratito, aparecerán las hembritas.

Pero pasan los siete días y de las hembritas, nada.

El hermano elefante, ya cansado, le intima al hermano mico:

Bueno, el tiempo se ha acabado, vamos a arreglarnos entre nosotros, si usted quiere, puede servirse primero.

El hermano mico, pensando en lo que le tocaría sufrir, acepta ser el primero, para, por lo menos, gozar antes del sacrificio. Se acomoda entonces detrás del elefante y se la emboca. Terminado su turno, el elefante lo conmina a agacharse porque le ha llegado su turno. Las protestas del mico no obtienen ningún resultado, y el elefante se la emboca todita.

En el momento culminante el elefante le grita: ¡Muévase, hermano mico, muévase!

Apretado como estaba, el hermano mico sólo atina a abrir y cerrar los ojos, lo único que estaba en condiciones de mover.

Dos soldados son enviados por su jefe a explorar un territorio desconocido. Antes de partir les advierte que lo peligroso de ese lugar era el bichito picaseso, un peligrosísimo animal que, en caso de picar, destruía inmediatamente los sesos.

La única manera de combatirlo, les advirtió el

jefe, era al verlo desnudarse rápidamente, cavar un hoyo en la tierra y enterrar la cabeza en el agujero.

Parten los soldados exploradores, pasan semanas caminando en la selva, y a uno de ellos comienza a acuciarlo el deseo sexual. Pensando como saciarlo, un día comienza a gritar: ¡cuidado, cuidado, vi al bichito picaseso!

Su compañero, ni lerdo ni perezoso, se desnuda y entierra su cabeza en la tierra. Su compañero, ya muy urgido, se la enchufa rápidamente, aprovechando la pose.

El que estaba agachado, grita, entonces:

¡Bichito picaseso, picarás, picarás, pero al seso no llegarás!

Una pareja de mucho dinero se casa y parte de luna de miel a España.

La novia le escribe desde allá a su mamá:

"Mamá, España es bellísima, Granada es una ciudad maravillosa, Sevilla es increíble, pero lo mejor es el Salto del Tigre."

Contenta, la mamá se alegra de que la hija esté bien, aunque queda intrigada por saber qué lugar es ése que no conocía.

Su asombro crece cuando, luego de un tiempo su hija y su yerno viajan a Estados Unidos y recibe otra carta que dice: "Mamita querida, Nueva York es fabuloso, Boston es muy elegante, Miami es encantador, pero lo mejor es el Salto del Tigre".

La intriga crece todavía más cuando, desde Japón, su hija le describe las maravillas de Tokio, lo sensacional de Kyoto, pero repite que "lo mejor es el Salto del Tigre".

Esta repetición la lleva a escribir a su hija preguntando por este lugar tan maravilloso y repetido.

En la próxima carta su hija le explica que el salto del tigre no es un lugar, sino un juego, que consiste en que su marido se sube a un ropero en el cuarto, ella se ubica desnuda en el medio de la cama con las piernas abiertas y su marido se tira desde arriba, apuntando justo al lugar preciso.

A los pocos días la hija recibe de su madre un escueto telegrama que dice:

"Hija mía, vuelve en seguida; tu padre se ha roto un huevo contra la mesa de noche. Stop.

Un soldado es enviado a la selva en una misión secreta. Su jefe le advierte que debe tener mucho cuidado con la serpiente atigrada, cuya picadura es extremadamente peligrosa. Le explica que la serpiente tiene una piel semejante a la del tigre y que la única forma de combatirla es apretarle firmemente la cabeza y, en un rápido movimiento giratorio, meterle el dedo pulgar profundamente en la garganta para ahogarla.

Con sus instrucciones precisas parte el soldado expedicionario, pero no vuelve cuando debía. Pasa una semana, quince días, un mes, y el soldado no aparece. Ya lo daban por muerto cuando, luego de tres meses, aparece en el campamento, harapiento y demacrado.

—¿Qué te pasó, Johnny? le preguntan sus compañeros.

—Lo que sucede, es que a los pocos días de estar en la selva me enfrenté con una serpiente atigrada que estaba semiescondida entre los árboles.

—Y no seguiste las instrucciones, le recrimina el comandante.

—Sí, las seguí al pie de la letra.

—Me acerqué sigilosamente por detrás, le apreté la cabeza.

—¿Y?

—Doblé rápidamente el pulgar y se lo metí bien profundo en la garganta.

—¿Y?

—Y bueno, que estuve tres meses forcejeando para sacarle el dedo del culo al tigre.

Un día el león, en su calidad de rey de la selva, cita a una asamblea a todos los animales para decirles que dada su avanzada edad, deberían elegir un virrey para que lo ayudara en sus tareas. Luego de largas deliberaciones, deciden convocar a una nueva asamblea un mes más tarde.

Al término de la sesión la mona inicia el regreso a su casa, al otro lado del río. Pero, hete aquí que, debido a las intensas lluvias el río había crecido mucho y no podía llegar al otro lado. Viendo por allí al cocodrilo le pidió que la cruzara. Éste le contestó: como no, yo te cruzo, pero al llegar a la otra orilla, fuqui fuqui.

Qué degenerado, gritó la mona, rechazando su oferta.

Al tiempo pasó el jirafo, a quien le pidió lo mismo. Y fue la misma respuesta: como no, monita, yo te cruzo, pero al llegar al otro lado, fuqui fuqui.

De ninguna manera, contestó la mona, que siguió esperando, hasta que pasó por allí el elefante.

Le pidió lo mismo, y el elefante le dijo: cómo no, súbete a mi grupa. Dicho y hecho, la cruzó, y al llegar a la otra orilla se despidieron amablemente.

Llegado el tiempo de la segunda asamblea, el ocelote propone que el elefante sea elegido virrey. En efecto, dice, el elefante es muy bueno, con sus grandes patas nos alisa el camino en la selva.

Secundo la moción, dice la cebra, ya que el elefante es muy bueno, con sus grandes orejas apantalla a nuestros cachorros en los días de calor.

No sólo eso, tercia el tigre, también refresca a nuestras crías echándoles agua con su trompa, yo también apoyo al elefante.

Sí, dice entonces la mona, pero es puto.

Un día el elefante pasa por un arroyo, a la orilla de la selva, y ve a dos conejitos en la pradera, muy contentos.

—¿Qué estáis haciendo, conejitos?, les pregunta.

—Aquí nos ves, cantando, y esperando que pase el tigre, para cogerlo.

—¡Ah!, dice extrañado, el elefante.

Al volver a la selva encuentra al tigre y le avisa: allá junto al arroyo, hay dos conejitos esperando para cogerte.

El tigre no se inmuta.

A los pocos días pasa por el arroyo la gacela y se repite la escena. Al preguntarles qué estaban haciendo, los conejitos contestan:

Cantando... y esperando que pase el tigre para cogerlo.

Lo mismo se repite cuando pasa la jirafa.

Cada uno de los animales, al regresar a la selva le cuenta al tigre, que parece no inmutarse.

Pero cuando el décimoquinto animal le cuenta que fuera de la selva, junto al arroyo, los conejitos están esperando para cogerlo, por fin sacude su modorra y decide ir a ver qué pasa.

Al llegar al arroyo, ve a los conejitos, muy contentos, saltando y cantando.

Les pregunta, entonces:

—¿Conejitos, que estáis haciendo?

—Pues, aquí nos ves, cantando y diciendo pendejadas.

Un día un burro se cae, en medio de la selva, a una tremenda ciénaga.

Desesperado ya se prepara a morir cuando ve pasar a la hormiguita en su coche todoterreno importado.

—¿Qué te pasa, borriquito?, le pregunta.

—Nada, nada, hormiguita, no me molestes, me estoy hundiendo.

—Bueno, yo te puedo ayudar.

—¡Cómo me vas a ayudar, si eres tan chiquitita!

—Verás, borrico, yo tengo mi auto importado.

Y sin preguntar ni decir más nada, ató el malacate de su auto importado a un árbol y le tiró la soga al burro, que la amarró con sus dientes, la hormiga puso en marcha el motor, que fue enrollando la soga y levantando al burro hasta sacarlo del pantano.

El burro, asombrado y agradecido, le ofreció a la hormiguita toda su ayuda, cuando fuera necesario.

Pasado un tiempo, un día iba la hormiguita por la selva cuando se cayó a un profundo pozo, del que no podía salir por más que se esforzara.

Por más que gritara, ayuda, ayuda, nadie la escuchaba.

Hasta que, milagrosamente, atinó a pasar por allí el burro, que la escuchó gritar y se dispuso inmediatamente a ayudarla, reconociendo a su benefactora de tiempo atrás.

Trató de meter una pata para que la hormiguita se subiera, pero no alcanzaba al fondo del pozo.

Probó con la otra pata, y la otra, pero todo fue inútil.

Entonces, un poco avergonzado, el burro le dijo:

Sólo podría sacarte estirando mi verga, que es lo único más largo que mis patas.

Bueno, como no, dijo, ya desesperada, la hormiguita.

El burro, entonces, estiró su enorme aparato, la hormiguita pudo subirse y se salvó con lo que esta historia tuvo un final feliz.

Moraleja de la historia: Si la tienes larga, no necesitas auto importado.

Un cantante de ópera ha perdido la voz y, pese a las recomendaciones de numerosos médicos, no logra recuperarla. Ya desesperado, acude a una curandera famosa.

Doña Clota, la curandera, le recomienda un remedio natural: tomarse todas las mañanas un huevito fresco, haciéndole un agujerito en cada extremo y chupando hasta que salga la yema y la clara. Es más, le ofrece al tenor los huevos de sus ponedoras, que son frescos.

Al día siguiente el cantante realiza el procedimiento, hace los dos agujeritos al huevo, y nada sale. Da vuelta al huevo, intenta otra vez, y nada. Hasta que finalmente el huevo se rompe y sale un pollito que le dice, enojada:

¡Vamos, decídete de una vez, me besas el piquito o me besas el culito!

Un cazador está caminando por la selva cuando, de repente, se le aproxima un enorme león, con cara de pocos amigos.

El cazador intenta pararlo con su revolver, pero está descargado, busca la escopeta, pero se le traba, intenta pararlo con el cuchillo, pero se dobla, prueba suerte con su lanza, pero no acierta.

Ya desesperado, el cazador, ya a merced del león, se arrodilla y comienza a rezar:

Dios mío, inspira a esta bestia sentimientos cristianos.

Milagrosamente, entonces, el león se inclina, y en actitud de recogimiento comienza a decir:

Señor, te damos gracias por los alimentos que vamos a tomar.

XX. De doctores

Un gangoso va a ver al doctor para que le cure su problema.

Le cuenta:

Dogtog, gio gengo mugas diguigultagues con egte pgroglema. Gio soy lizenziado en gelaziones puglicaz, y gengo una empgeza espectagular, pego no puego tgabagar bien pogque no me puedo comunicar gon la gente como quiziega.

Bueno, señor, muy bien, vamos a hacerle algunos análisis.

Pego, dogtog, ghia me hize todoz los anaglizis, no tenggo nagda oggánico.

A ver, pues, sí, tiene razón, aquí no se ve ningún problema orgánico; a ver, veamos un poco entonces, sus pautas de vida, ¿por qué no me cuenta un poco de usted, de sus rutinas?

Buegno, dogtog, ghio me guevanto a ga mañana, me agfeito, y mi segnoga se ghevanta al gatito, la veo y, ugted compgende, mi segnoga egsta muy güena, , ahí nomás, un, doz, tges, degspués me vigsto y voyg paga la ofigcina, y en el cagmino, a uzteg no le voyg a mentig, gyo tengo una amiguita, la vizito de paso y, un, doz, tges. llego a la ofigzina y, mi secretaguia egstá requetegüena, no bien llego, un, doz, tges, dezpuégs tgabajo hagsta el mediodía, y me voy a comer algo, ligvianigto, pogque las camaguegas ziempre quieguen un pogquito de mimo, azique de postge, un, doz, tges. Vuelgo a la ofigzina, tgabajo unas horaz, y antez de igme, mi secretaguia se pone migmosa, así que, un, doz, tges, llego a mi caza, ceno con mi mujeg, dezpuéz vemoz unos videos puegquitos, azi que antes de dogmir, un, doz, tges.

El doctor cuenta, y llega a un promedio de die-ciocho hoyos por día. Le comenta entonces: Vea, señor, yo no veo nada anormal en su vida, salvo que noto una actividad sexual intensa. Voy a con-sultar con uno de los mejores endocrinólogos mundiales, un amigo que trabaja en la Universidad de Massachussetts.

Le habla y el colega, rápidamente le contesta: eso es un caso muy bien estudiado por la ciencia médica, seguramente este señor tiene tres testícu-los. El tercer testículo produce un nivel excesiva-mente alto de testosterona, lo que provoca una gran actividad sexual y, al mismo tiempo, una alteración de la voz. El tratamiento es simple: basta con extirpar el tercer testículo.

El doctor revisa al paciente y efectivamente encuentra que tiene tres testículos. Le da el diagnóstico y, con su conformidad, lo opera y le extirpa el órgano sobrante.

El paciente no regresa a verlo sino pasado un año.

Buenass tardess, doctor, le dice con una voz engolada y perfecta. ¿Recuerda que usted me operó el año pasado? Pues bien, gracias a su cirugía, pude solucionar mi problema de voz, y desarrollé todo mi potencial laboral; me ha ido tan bien que en un solo año he hecho más de cinco millones de dólares. En fin como usted verá, ya he juntado dinero como para sobrevivir por un buen tiempo, ahora, claro, eso sí, la actividad sexual ha cambiado radicalmente, apenas me puedo echar uno al día, así que yo pensé, como ya tengo un colchoncito económico en que respaldarme: doctor, ¿no podría usted reimplantarme el huevo que me extirpó?

El doctor le pregunta, entonces:

¿CGÓMO? ¿GUEIMPGANTAR QUÉ?

Un día un médico especialista en venéreas atiende a un marinero del buque CAP POLONIO. Al revisarle la polla, le llama la atención que tiene un tatuaje que dice "RECOPLA".

Sin preguntar nada, lo atiende, le prescribe unas medicinas y le pide que vuelva dentro de quince días.

Pero el marinero no vuelve nunca más.

El médico se queda un poco preocupado, pero nada puede hacer.

Pasados unos meses, atiende un día a otro marinero del mismo buque. De inmediato le pregunta por su anterior paciente que no había regresado.

Como no se acuerda del nombre, se lo describe, y le menciona al compañero el detalle que le había llamado la atención: la verga tatuada con la palabra "RECOPLA".

Ah, ya sé quien es, contesta el marinero, es un compañero mío, pero el tatuaje no dice "RECOPLA" sino "RECUERDO DE MI PRIMERA VISITA A LA CIUDAD SANTA DE CONSTANTINOPLA".

Un día un señor se levanta asustadísimo, porque ve que le está saliendo en todo el cuerpo una enorme cantidad de pelo, que crece muy rápidamente.

Como puede se pone un abrigo y sale corriendo a ver al doctor.

Toca a la puerta, y no bien el doctor lo atiende, le dice, angustiado:

¿Doctor, qué padezco?

Y el doctor, con voz aniñada:

Padece un osito.

Una chica va al ginecólogo y le cuenta:

Doctor, no sé qué enfermedad padezco, pero cada vez que me desvisto, se me endurecen los pezones.

—Bueno —responde el doctor— vamos a revisarla.

Luego de un rato de auscultar, el doctor le dice:

—Vea, aún no puedo detectar precisamente qué enfermedad tiene, pero le aseguro que es altamente contagiosa.

Había un japonés que era un supergenio, con el cociente intelectual más alto del mundo, pero no podía vivir del dolor de cabeza.

Entonces va a una clínica especializada donde tienen una máquina que elimina el dolor de cabeza. El doctor le advierte: esta máquina le hará perder el dolor de cabeza, pero le quitará un porcentaje de su inteligencia.

—No impoltar, doctor, sacal, sacal, dolol de cabeza sel telible.

—Bueno, le vamos a sacar un 20% de inteligencia.

Entra a la máquina, se escucha una tremenda vibración, humo y sale el japonés diciendo:

—Dotol, todavía dolel, sacal más, sacal más.

—Bueno, vamos a sacarle el 50%, todavía será un hombre inteligente.

Al salir, el japonés repite:

—Dotol, dolel mucho, sacal más, sacal más.

Ahora le sacan el 75% con un tremendo ruido, humo y chispas, pero el japonés se sigue quejando.

—Dotol, sacal toda, sacal toda, no aguantal dolol.

—Bueno, dice el doctor, qué podemos hacer, le sacaremos toda la inteligencia.

Entra a la máquina, lo dejan dentro una media

hora, y sale luego en medio de una nube de humo, con la cara ya mucho más contenta, diciendo:

¡Puez, hombre, ahura zí que me ziento bien, pardiez!

Un señor va al médico con un problema:

Doctor, yo vivo con continuas ventosidades. Constantemente me echo ventosidades. Lo único que me salva es que no tienen olor ni hacen ruido. Vea, por ejemplo, ahora, mientras estoy hablando con usted, ya me he tirado por lo menos veinte.

El doctor le prescribe entonces unas pastillas y le ordena volver a verlo en una semana.

Pasado el tiempo vuelve el paciente furioso:

Doctor, lo que usted me dio, no sólo no me ha dismunido las ventosidades, sino que ahora tienen un olor espantoso.

Muy bien, contesta el doctor; solucionado el problema de la nariz, vamos ahora a revisar el oído.

Un señor va al médico con cara de amargado, y le cuenta:

—Doctor, tengo algo que me sube del estómago al cuello, sube y baja, sube y baja.

—Ah, no, no es nada, contesta el médico.

—¿Seguro, doctor?

—Seguro.

—¿Y qué es entonces, doctor?

—Es un pedo indeciso. Como usted tiene tanta cara de culo, no sabe por donde salir!

La Reina Isabel II de Inglaterra va en visita oficial al Canadá. Entre las cosas que visita se encuentra el nuevo Hospital de Saskatchewan, el más moderno del país. Al recorrerlo, de repente ve a un señor en su habitación, masturbándose furiosamente.

—¡Pero qué es esto!, exclama horrorizada.

—Su Majestad, lo que sucede es que este señor padece de una nueva enfermedad llamada semenitis, produce una cantidad exagerada de semen y debe masturbarse no menos de cinco veces al día. Si no lo hiciera, el riesgo de una infección generalizada sería fatal.

No muy convencida sigue caminando cuando en otra habitación ve a una enfermera practicando una fellatio a un paciente.

—¡Pero cómo, esto es un horror!

—Majestad, este paciente tiene la misma enfermedad que el anterior, sólo que este paciente tiene un plan de salud con mayor cobertura.

Un urólogo español está atendiendo a un señor mayor y le recomienda vivamente que tenga una mayor actividad sexual.

—¡No puedo, doctor!

—¿Cómo que no puede!?

—¡Pues que no puedo!

—¿Qué edad tiene usted?

—Pues, 67 años.

—¡Vea, y usted me dice que no puede!

—Yo tengo setenta años, soy el mejor urólogo de Madrid, y puedo todas las semanas.

—Usted podrá , porque es urólogo en Madrid, pero yo no puedo, porque soy arzobispo en Sevilla.

XXI. De parejas

Una chica sale con un muchacho, y éste conduce su coche a una calle oscura, donde se estaciona y empieza a besarla y acariciarla.

La chica primero acepta, pero luego, de golpe, abre la puerta y sale corriendo.

Al llegar a su casa escribe en su diario:

"Querido diario: las mejores amigas de una mujer son sus piernas."

La semana siguiente se reproduce la misma situación.

Calle oscura, comienzan los besos y abrazos, pero la chica se arrepiente, abre la puerta y sale corriendo. Al llegar a la casa vuelve a escribir en el diario:

"Querido diario: las mejoras amigas de una mujer son sus piernas."

Tercera oportunidad en que se encuentran. Esta vez la chica llega a su casa pasadas las tres de la mañana y escribe en su diario:

"Querido diario: a veces, hasta las mejores amigas deben separarse."

Una señora compra un ropero. El carpintero lo trae y lo coloca, pero al tiempo la señora lo llama para quejarse, ya que la puerta se abre sola a cada rato.

El carpintero, que era un señor muy responsable, llega a revisar su trabajo, y luego de un largo rato, le dice: señora, creo que el problema radica en las vibraciones que produce el metro que pasa debajo de su casa; yo lo voy a ajustar. Para ello me voy a ubicar dentro del armario, hasta esperar que pase el metro.

En ese momento llega el marido de la mujer y sospechando algo, abre violentamente el armario, encontrando al carpintero, al que le pregunta, visiblemente alterado:

¿Y usted que hace aquí?

El carpintero responde, resignado: soy el amante de su mujer, si le digo que estoy acá esperando el metro no me va a creer, ¿no?

Una pareja muy vieja está durmiendo. La señora se despierta a las tres de la mañana y le dice al marido:

—Querido, voy a la cocina, ¿quieres algo?

—Bueno, me gustaría comer un helado de vainilla, pero anótalo para no olvidarlo.

—No, querido, está bien... ¿y quieres algo más?

—Bueno, un poco de crema chantilly, pero anótalo para no olvidarlo.

—No, está bien, ¿y te gustaría algo más?

—Bueno, un poco de chocolate arriba del helado, pero anótalo, no sea que te olvides.

—No, querido, no hace falta... ¿y quisieras algo más?

—Bueno, arriba del chocolate, unas nueces, pero anótalo para no olvidarlo.

—No, querido, no hace falta.

La vieja va a la cocina y al rato vuelve con una deliciosa tortilla de papas.

Después de comerla, le dice el marido:

Te dije que lo anotaras, los huevos los quería revueltos, no en tortilla.

Un señor llega a la casa y le dice a su mujer: querida, hoy tengo ganas de hacer algo nuevo, distinto.

—¿Como qué?

—Hagamos el 68.

—¿Y eso qué es?

—Vos me la chupas y yo te debo una.

—¿Cuál es la velocidad máxima para hacer el amor?

—68.

—¿Por qué?

—¡Porque a 69 vuelcas!

Chistes internacionales
Tipografía: *Kaleidoscopio*
Negativos: *Reprofoto S.A.*

Esta edición se imprimió en Marzo de 2007. Grupo Impresor
Mexicano. Av. De Río frío No 35 México, D.F. 08510